5,80
A

Peter Huckauf

KARGE TAGE

Gedichte

Peter Huckauf

KARGE TAGE

Gedichte

J. G. BLÄSCHKE VERLAG DARMSTADT

1. Auflage
©1973 by J.G. Bläschke Verlag, Darmstadt
Druck: Artia Offsetdruck GmbH Reutlingen
Printed in Germany
ISBN−3−87561−230−2

1) "höhenflüge"

"*rotkehlchen*"

die
zungenschläge
der alten
machen die
jungen
zwitschern

im warmen
nest ist
gut mündig
sein

die brut
aus tausend
und einer
nacht wird
flügge

"himmelsschreie"

alle
hungrigen
mäuler
die auf uns
herabblicken

werden
nicht am
ende sein
wenn die
flut
steigt

"arche noah"

die liebe
zur
geometrie
hat den
menschen
flügel
wachsen
lassen

nur so
läßt sich
der siebte
himmel
erklären

"hier"

blas mir
den staub
von der
stirn

steck
mir eine
rose ins
haar

wisch
alle
spuren
den rest
des tages

laß uns
ergeben

"kompliment"

das glas
begegnet
dem atem

du bist
sehr be-
schlagen

haucht
an-
erkennend
der atem

deine
gegen-
wart spornt
mich an

erwidert
das glas
schwitzend

"flüsse"

brech aus
der stille
sei laut

laß deinen
atem im
regen

brech ein
sei still

dein atem
laß regnen

sei laut
sei still

brech aus
im atem
des regens

"mädchen"

der
mädchen
glasklare
schatten

und puls-
schlagend
rasche
augenblicke
durchsichtiger
brüste

"durst"

gleich
einem
ausge-
dörrten
schwamm

saugt es
sich voll

in der
hitze hat
das gemäuer
nur ein
verlangen

sich an
den regen
zu lehnen

"figur I"

kristallene
stimmen
atem
wie
regen
hochzeit
der schwalben
reife des
abends
odem
in
allem

2) "schwarze elster"

"schwarze elster"

ich habe
dich
wiedergefunden

diese
grabwelken
schenkel

krähenfüßig
wölben sich
über mir

träume
schäumender
fäulnis

("schwarze elster", Fluß in
Sachsen-Anhalt)

"trennung"

zwischen
seiner
schwieligen
hand und
deinem
atem

schwimmen
die ufer

überkommt
mich
zorn

"läuterung"

dieser ort
wo ich
gelebt
habe

gefängnis
meiner
gefühle

verfolgt
von der
strömung

erfaßt
von
strudeln

meine
gebrechen
die auf
der strecke
blieben

"schlupfwinkel"

das tier
vergißt
seine
herkunft

ein geschöpf
zu sein
verliert es
sich in
schatten

dieses
abgezirkelten
daseins

"briefliche forderung"

du mußt
mir disteln
sammeln

silbern
mit hingebung

im schlaf bring
ich dich um den
schlaf

ich schreibe:
gib dich

das ist
gestammelt
ist verbrieft

"an eine aus mazedonien"

die schenkel
gepreßt in
graugrünes
grinsen

so saß sie
untergrund-
bahnhell

ihr kleid
stand
rund-
gebeult

ich will
ins dunkle
dreieck dringen

zigeuner
nichts weiter
sein als ein
zaungast

"das blatt wenden"

— nach George Rickey's
 Plastik "Vier Vierecke
 im Geviert" vor der
 Nationalgalerie in
 Westberlin —

wenn ich
sie seh so
von hinten
mit
krampfadern

ihr engelhaftes
gesicht
wegdenke
die
morgendlichen
reinigungen
mir vorstelle

umringt
von
vier
mäulern

dann ist
mir viel
leichter

wenn ich
sie so seh
wie sie sich
zu schaffen
macht
mit ihren
nimmersatten

"karge tage"

I
an denen ich mein brot aß
und zu mir selbst fand
finden was andere vor mir
fanden
die schatten der bäume
ehe das laub fällt
das springen über den
eigenen schatten
vorsätze die zu
erinnerungen werden

II
erinnerungen als
augenblicke der zukunft
die kühle des beginnenden
tages
der freie raum für
zukünftiges
das kind und seine
geöffnete hand

III
schonungen wo künftiges
schlummert
leute umherlungernd
liebende engumschlungen
schlaglichter

ich würde weiter suchen
fände ich das eigentliche
das glück

IV
glaubhaft wird mein mühen
sein
jeden tag eine silbe
ein wort das niemanden
verfehlt

an den ufern schreibt die
nacht ihren abschiedsbrief

3) "nachtstücke"

"kommnacht"

im dunkeln
von den augen
ablesen
dein langes
wachen

wenn wir
uns lustlos
liebten
wo wäre die
silbe komm

wann würde
das fleisch
schwach

scheint
dann die
nacht
nirgendwo

käme kein
schlaf
auf

"nachtstück I"

mit dem ersten
kuß haben wir
ein feuer
gelegt

unser innerstes
entzündet sich
im schatten
der nacht

dein lachen
ein warmer
regen

tränkt die
tiefen felder
meiner seele

meine hand
beschreitet
eine niegekannte
liebeslandschaft

mit unseren
küssen
kreisen
wir die
liebesschwüre
ein

unsere lippen
sorgen für
schmerzliche
erinnerungen

"ludmilla"

wenn ich an
ihren stolz
rühre kehrt
sie mir den
rücken

wenn sie
meine hand
aus den
augen ver-
liert
schieb ich
den tag
beiseite

eine
russische
nacht ist
wie der
abstieg in
schwindelnde
höhen ein
honigmund
im
salzmeer

ich lieb
eine aus
der
republik
komi

"schatten I"

die
mit dem
libellenleib

hat mir den
atem
genommen
nachts

als die
schatten
sich lidwärts
säumten
um spuren
zu hinter-
lassen

"nachtgesicht"

die rückseite
des tages
betreten

das
licht
einfangen
und die
schatten
aus ihren
fesseln
befreien

mit
nachtkraut
eine
wangenstatt
schmücken

für
liebmich-
liebdich-
lieder

filigrane
der habseligkeit

"das sich verlieren"

deine
brauen
pelzminiaturen

benetzt
mit worten
einfacher
kinderlieder

die zu
singen
sich an-
schickt

wer vom
warmen
regen einer
sommernacht
überrascht

zuflucht
findet
unter
ergrauten
schieferdächern

"harm"

mit deiner
welken
stimme

klingt
die nacht
aus

geläutert
nehme ich
abschied

vom echo
meiner
erinnerung

der muschel
deines
herzens

"jetzt"

mit muscheln
und deinem
gedächtnis

haben wir
die zeit
lahmgelegt

jetzt
bringen wir
uns um den
schlaf

und lassen
das meer
erinnerung
sein

"häuslichsein"

das dach
ist mit
unseren
gedanken
durchgegangen

die wände mit
klopfzeichen
behängt

leben wir in den
schieferfarbenen
alltag hinein

"nausikaa I"

ihre
nacktheit
in
planquadrate
zerlegt

seh ich
sie vor
mir wie
ein
aufgeschlagenes
buch

ich lese
fernweh
aus
ihren
augen

"nausikaa II"

als
sie
sich
öffnete
und mir
einlaß
gewährte

zerstreuten
sich meine
bedenken

vom glücklichen
zufall

"nausikaa III"

mein ganzes
augenmerk
galt ihrem
zwillingszauber

erzitterte
was geografisch
sich erschloß

mir war
zumut
mehrmals
mitunter

"figur II"

fingen
wir die
schatten
mit griffen

die sonst
geübten
gauklern
nur
gelingen

was uns
im traum
einst
einfiel

glückte
jetzt mit
einem mal

die nacht
hat nicht
nur ihre
schatten-
seiten

"asymmetrisch"

du und
die blume
das gedicht

du und das
einmaleins
des
unsagbaren

klaub mir
den letzten
atem aus
der brust

trau ich
dir zu
was niemand
dich gelehrt

ich finde
deine
innenwelt
vertieft
im zucken
jedes
muskels

gesichtet
hab ich
was bisher
ich fühlte

geräumig
süß war
diese
unsere
nacht

"lichtung"

es gibt
kein
zurück

in die
all-
es

um-
fassende
tiefe
ur-
sächlichkeit

nur
suchen
mut-
maßen

und
mündig
sein

inhalt

"höhenflüge"

rotkehlchen	7
himmelsschreie	8
arche noah	9
hier	10
kompliment	11
flüsse	12
mädchen	13
durst	14
figur I	15

"schwarze elster"

gladiole	19
schwarze elster	20
trennung	21
pirna	22
insellos	23
läuterung	24
schlupfwinkel	25
briefliche forderung	26
an eine aus mazedonien	27
das blatt wenden	28
karge tage	29

"nachtstücke"

kommnacht	35
nachtstück I	36
ludmilla	37
schatten I	38
nachtgesicht	39
das sich verlieren	40
harm	41
jetzt	42
häuslichsein	43
nausikaa I	44
nausikaa II	45
nausikaa III	46
figur II	47
asymmetrisch	48
lichtung	50